VEREDAS

SILVANA TAVANO

1ª EDIÇÃO

© SILVANA TAVANO, 2016

COORDENAÇÃO EDITORIAL	Maristela Petrili de Almeida Leite
EDIÇÃO DE TEXTO	Marília Mendes
COORDENAÇÃO DE EDIÇÃO DE ARTE	Camila Fiorenza
PROJETO GRÁFICO E DIAGRAMAÇÃO	Isabela Jordani
ILUSTRAÇÕES DE CAPA E MIOLO	Nobru
COORDENAÇÃO DE REVISÃO	Elaine Cristina del Nero
REVISÃO	Andrea Ortiz
COORDENAÇÃO DE BUREAU	Rubens Mendes Rodrigues
PRÉ-IMPRESSÃO	Marcio H. Kamoto
COORDENAÇÃO DE PRODUÇÃO INDUSTRIAL	Andrea Quintas dos Santos
IMPRESSÃO E ACABAMENTO	EGB - Editora Gráfica Bernardi Ltda.
LOTE	207822/207823

Dados Internacionais de Catalogação na Publicação (CIP)
(Câmara Brasileira do Livro, SP, Brasil)

Tavano, Silvana
  E no fim... – : tudo recomeça de outro jeito /
Silvana Tavano. – São Paulo : Moderna, 2016. –
(Coleção Veredas)

1. Ficção - Literatura infantojuvenil
I. Título. II. Série

16-01686   CDD-028.5

Índices para catálogo sistemático:

1. Ficção : Literatura infatojuvenil 028.5
2. Ficção : Literatura juvenil 028.5

ISBN 978-85-16-10364-4

Reprodução proibida. Art.184 do Código Penal e Lei 9.610 de 19 de fevereiro de 1998.

Todos os direitos reservados

EDITORA MODERNA LTDA.
Rua Padre Adelino, 758 - Belenzinho
São Paulo - SP - Brasil - CEP 03303-904
Vendas e Atendimento: Tel. (11) 2790-1300
www.modernaliteratura.com.br
2016

SUMÁRIO

1. Nanda 9
2. João Pedro 15
3. Juliana 21
4. Cris 26
5. Martim 31
6. Carol 36
7. Gui 41
8. Felipe e Ana 46
9. Sofia 51

Uma, duas, mil montanhas recortando o céu.

Nenhum sol sorridente pairando sobre uma casinha. Nada que se pareça com uma criança de mãos dadas aos garranchos de uma mãe e um pai. Meus primeiros desenhos. É incrível... Já estava tudo ali. Já era eu, uma sementinha de Nanda, as mesmas imagens na cabeça. Por que minha mãe guardou esses desenhos e não outros, eu não sei. Talvez não tivesse outros. Será? Eu não me lembro. Nem disso nem de nada dos meus primeiros anos. Só não é escuridão total por causa das fotografias. Estou lá: um bebê no colo da minha mãe, com 1 ano, 2, depois 3, eu, cercada de brinquedos, pendurada no cangote do meu pai, com todos os avós, uma menininha simpática, cachinhos castanhos, boca, nariz, dois olhos azuis. Tudo no lugar. Pena não lembrar de nada dessa época, aparentemente estava dando tudo certo. As coisas entortaram um pouco antes do meu quarto aniversário.

Nunca me explicaram direito e não sei como aconteceu, quero dizer, o ritmo. Com certeza já existia um pequeno desvio e ninguém percebeu, ou acharam que não era nada de mais. O fato é que, em algum momento, meu olho esquerdo decidiu seguir outro rumo. Saiu da rota, parou no canto de dentro e lá ficou, estranhamente acomodado junto ao nariz. Correram comigo para um especialista, o diagnóstico foi rápido e óbvio, meu olho tinha entregado os pontos, enfraquecido pelo altíssimo grau de hipermetropia que, até então, ninguém havia notado. Toda vez que penso nisso me pergunto: como eles não perceberam que tinha algo muito errado comigo? Eu devia viver trombando em tudo o tempo todo, me imagino olhando bobamente para todas as coisas. Para mim, um bebê crescendo entre formas borradas e disformes, o mundo simplesmente era assim desde sempre. Mas e eles, não estranhavam meu comportamento?

Por sorte, o outro olho continuou firme no seu lugar, mas, depois disso, saiu de cena, a maior parte do tempo no breu, atrás do protetor do qual também não lembro, mas vejo nas fotografias – eu, lastimável, com os óculos de armação vermelha por cima de um olho com tampão e do outro, completamente fora do eixo.

Ok, era o que devia ser feito, proteger o olho bom para ressuscitar o músculo do olho ruim. Funcionou, mas poderia ter sido menos sofrido se eu tivesse passado esse tempo em casa e não em uma escola. Minha mãe trabalhava, a mãe dela morava em outra cidade, a outra avó não dava conta de ficar comigo o tempo todo, e lá fui eu, de uniforme e lancheirinha, assustar meus pequenos colegas de maternal. Quando me vejo nas fotos, não os culpo. Eu não era mesmo uma visão agradável. E deve ter sido muito difícil para mim, eu quase não enxergava e provavelmente não entendia nada do que acontecia ao redor. Por mais que me esforce, não reconheço a maior parte das cenas registradas nos álbuns, mas existiu um tanque de areia, um baldinho amarelo e eu, com meus óculos vermelhos, claramente desconectada, segurando a pá ao contrário. E havia uma praça, com gangorra e árvores, e me vejo sentada na cadeira de balanço, o choro começando a entortar a boca, o medo nas mãos agarradas às correias de ferro. Tudo isso aconteceu, e também o que as fotos revelam só para quem quer ver: a minha solidão. Há uma festa junina, a quadrilha passando atrás da menina que posa num canto do pátio com seu vestido de chita, o chapéu de palha com tranças, segurando um saquinho de pipoca; e lá estou eu, sentada no colo da professora, acenando pela janela do ônibus que leva a turma para alguma excursão; eu, brincando no chão do quintal de casa. Nenhum registro ao lado de amiguinhos. Toda vez que folheio esses álbuns vejo solidão, e então entendo por que não me lembro de quase nada. Foi melhor apagar essa infância que ficou gravada na memória do meu disco rígido como um tempo de sombras, o desalinhamento dos músculos oculares desalinhando tudo o mais.

Aos poucos, as coisas foram clareando, para o bem e para o mal. Livre do tampão e com a ajuda das grossas lentes dos óculos que passei a usar logo em seguida, finalmente comecei a enxergar. De repente, contornos firmes, cores fortes, todas as imagens nítidas e de novo eu, fora de foco, deslocada, sem conseguir me encaixar nas situações, nas conversas, nos lugares. A sensação de rejeição não era exatamente uma novidade, a diferença é que, agora, eu não tinha como não ver. Então me refugiava num outro mundo, o que descobri bem antes de meus olhos voltarem a ser quase paralelos, um canto só meu, cheio de visões e imaginação, a casa para onde continuo indo sempre que fica difícil encarar as coisas como elas são.

Dentro dos meus desenhos, é lá que quero morar.

– Artes Plásticas?

– É.

– Quer dizer que você vai ser artista?

– Pai...

– Minha filha, tem dó!

– Mãe...

– E você pretende viver do quê, me diz?

– Será que vocês...

– Filha, a única coisa que podemos deixar para você é uma boa educação. Pensa bem, Nanda! Você podia prestar vestibular para Direito ou, quem sabe, Economia, você sempre foi tão bem em Matemática! Computação, Marketing, tem tanta profissão boa! Uma profissão, entende, filha? Isso não impede você de continuar desenhando. É ou não é?

– Não é por aí, mãe!

– É claro que é! Faculdade é coisa séria, e custa caro!

– Então, pai! Vale a pena desperdiçar dinheiro com um curso que não me interessa?

– Não é possível que você só se interesse por "arte"!

Nem sei por que ainda me espanto. Sempre foi assim, desde que eu era uma criancinha com a cara colada na tela da televisão e meus pais não se dando conta de que eu não enxergava nada. Não é diferente agora.

Eles simplesmente não conseguem me ver.

JOÃO PEDRO

Eles simplesmente não conseguem me ver,

genial! A maldita porta tem que ficar aberta o tempo todo, não é? Então, beleza! Agora não temos mais esse problema! *Não-fechar-a-porta-do-quarto* é uma das palavras de ordem aqui em casa, praticamente uma lei baixada pela doutora Ana Claudia, a excelentíssima juíza que também é a minha queridíssima mãe com sua chatíssima mania de inventar regras pra tudo, especialmente pra me vigiar. Só que agora, mesmo com a porta escancarada, consigo ter um pouco de privacidade dentro do meu quarto-cela. E o melhor de tudo é que a ideia nem foi minha. Pra mim tanto faz se a estante é assim, se a mesa é assado, essas bobagens todas que minha mãe vive inventando. Quando ela veio com a história da decoradora, fui logo dizendo não e não e qual o problema com o meu quarto, afinal? Mas daí começou a falação sem vírgulas, *você-não-cabe-mais-nesse-colchão--sua-escrivaninha-ficou-pequena-demais-você-precisa--de-gavetas-para-se-organizar-e-não-faz-essa-cara-de-*

*-perturbado-ninguém-vai-colocar-cortina-de-florzinhas-
-no-seu-quarto!* Fala sério, quem parece perturbado aqui?

Acho que a doutora Ana Claudia não esperava por essa, mas sua amiga decoradora resolveu colocar minha mesa no outro canto do quarto e, o melhor de tudo, com a tela do computador na lateral da janela, sem acesso pra quem passa pelo corredor, isto é, eles, pai e mãe se revezando na vigília noturna, com direito às paradinhas na porta com a desculpa do *quer-uma-fruta-filhinho?*, querendo mesmo é controlar o que estou fazendo na web. Minha querida #famíliapatrulha, isso é o que é: a *hashtag* do meu dia a dia.

Sei que eles gostam de mim. Muito. Eu também, muito. A diferença é que o muito deles é demais pra mim. Podia ter rolado um irmão ou duas irmãs, por mais chatas que fossem, de qualquer jeito seria bom ter com quem dividir o muito dos meus pais. Quando eu era pequeno, isso não me incomodava, nunca fui o tipo que fica pedindo irmãozinho, acho até que não sentia falta nenhuma, claro que era ótimo ter toda a atenção, afeto, presentes, tudo, tudo o que imaginasse só pra mim. O problema é que todas as expectativas também estavam e continuam concentradas em mim. Só em mim. Agora é isso, marcação cerrada, *você-não-acha-que-seria-bom-estudar-um-pouco-mais-em-vez-de-passar-horas-fazendo-
-nada-nesse-computador?-suas-notas-não-estão-exata-
mente-ótimas-e-quando-foi-a-última-vez-que-você-deu-
-um-alô-para-sua-avó-fran-ca-men-te-João-Pedro-ela-está-
-tão-doentinha-o-que-custa-perder-cinco-minutos-do-seu-
-precioso-tempo?-aliás-a-conta-do-seu-celular-demonstra-*

-que-você-não-pensa-em-tempo-quando-fala-com-seus--amigos-não-é-mesmo? Cobrança e mais cobrança e sempre a maldita palavra, "francamente", saindo junto com a cara de decepção, francamente isso, francamente aquilo batendo na minha cabeça num tom péssimo, o jeito da minha mãe dizer que eu nunca correspondo ao que eles esperam de mim. Pois é, eles me dão tudo e eu não consigo dar tudo de volta pra eles. Francamente? Não consigo mesmo. Um C de vez em quando entre os mil As e Bs basta pra que as notas não sejam *exatamente ótimas*. E minha avó não está *doentinha*; a triste verdade é que ela já não tem a menor ideia de quem eu sou, não reconhece mais ninguém faz muito tempo, até parece que ela sabe com quem está falando quando uma daquelas cuidadoras coloca o telefone na orelha dela, tratando a coitada como se fosse um bebezinho. É deprimente! E quanto ao celular, garanto que 90% das ligações são pros números do meu pai e da minha mãe. Não adianta mandar mensagem dizendo onde estou, a que horas vou estar, como vou, quem vai me dar carona na volta, eles fazem questão de falar comigo, *eu-não-tenho-filho-virtual*, é o que ela diz. Me aguardem.

– Austrália?
– Isso mesmo, mãe. A universidade fica em Sydney.
– João, acho sensacional... De verdade! Mas será que não existem outros cursos interessantes nessa área? Tecnologia da informação, é isso mesmo, filho? Enfim, você poderia fazer a

faculdade aqui e, mais tarde, programar um mestrado no exterior... Quando já tiver certeza de que é isso mesmo, não acha?

– É um centro de referência, pai. E acho que vai ser legal, o curso e a experiência toda.

– ... Cinco anos?

– É, mãe, são cinco anos de graduação. Depois, sei lá. Depois é depois.

– Mas não está em cima da hora? Não deve ser tão simples assim, João Pedro. Temos que pesquisar, e você vai ter que se preparar porque...

– Mãe, eu já fiz tudo, inclusive as provas. E a notícia é boa, consegui ótimos resultados e eles estão me oferecendo uma bolsa que cobre 50% do curso.

– Como assim, João Pedro?

– Você fez tudo isso sem nem ao menos conversar com a gente?

– Eu queria fazer uma surpresa, achei que vocês iam ficar felizes! Quando eu não quis ir praquele intercâmbio vocês se chatearam, não foi?

– Mas... Eram só seis meses... E no Canadá...

– E com o pessoal da escola...

– É, a Austrália é meio longe, mas também não é o fim do mundo, gente! Vamos nos falar sempre, dá pra matar as saudades pela internet, o que for! E tem as férias, vocês vão pra lá, eu venho pra cá...

Não vai ser fácil pra eles. Nem pra mim, acho. Sozinho, longe de todo mundo, sei lá... Às vezes rola um frio na barriga.

Mas é isso aí, eu vou. Fui! E eles não têm como me impedir. Se tudo der errado, eu volto, qual o problema? De uma coisa tenho certeza: nada vai mudar por aqui.

A maldita porta vai ficar sempre aberta.

JULIANA

A maldita porta vai ficar sempre aberta?

Não dá pra acreditar! Ontem pensei que eles tinham esquecido, mas hoje de novo? Vou ter que falar com ele, assim não dá! Não tem bebê em casa, pra que dormir de porta aberta? Se é que eles dormem... Bom, até aí, problema deles. Mas eu não sou obrigada a participar dessa lua de mel eterna! Já tô me esforçando bastante pra encaixar no clima de família feliz no café da manhã e nos jantares que não consigo evitar. Será que toda vez que me levantar de madrugada vou ter que ouvir esses sons de felicidade explícita? Ai, que saco! De novo as risadinhas, beijinhos estalados e... Gemidos!!! Eu mereço? Não dá pra não escutar, nem tapando os ouvidos com as duas mãos! Agora aguenta, Juliana! Quem mandou ter sede no meio da noite? Que ódio, que vontade de gritar! Opa... Olha aí, até que seria uma boa ideia! E se eu começasse a gritar feito louca agora mesmo? Seria hilário! Meu pai semipelado na cozinha, e eu me fazendo de envergonhada, *ô pai, desculpa, tinha uma barata enorme bem aí, levei o maior susto!* Ah, que bobagem... Isso não faz o menor sentido! Mas, às vezes, nada faz sentido... Minha mãe morrer com 39 anos, por exemplo; meu pai de 50 parecendo um adolescente apaixonado; eu, nessa cozinha, às 3 da manhã, pensando nessas coisas todas, e a prova de Física às 9. Preciso dormir, isso sim faz sentido... Vamos lá, Juliana, hora de encarar os quilômetros pelo corredor até o quarto. Hum... Tudo parece silencioso agora. Menos mal. Devem ter adormecido. Finalmente.

Mamãe dormiu, querida, finalmente mamãe conseguiu dormir. Eu tinha onze anos, era tarde da noite, fazia muito frio, como hoje, e meu pai adormeceu abraçado comigo.

– Ju, posso preparar uma torrada pra você?
– Já comi queijo, não precisa.
– Então bebe o suco.
– Esse troço verde parece drinque de bruxa, pai!
– A Helena fez...
– Ah, a Helena fez.
– Ela fez o suco com o maior carinho, Ju. Se não quiser beber, não bebe. Mas não precisa fazer essa cara nem chamar a Helena de bruxa.
– Eu só disse que o suco verde parece...
– Eu entendi perfeitamente o que você disse.
– Pai...
– Você não é mais criança, é você mesma quem diz quando quer ir pra cá e pra lá, não é? Então dá pra parar com isso? Por favor, Ju. Desde que... Você sabe. Foi muito difícil pra mim também, filha.
– Às vezes ainda é difícil pra mim.

— A Helena é uma pessoa maravilhosa. Dá uma chance pra ela. Uma chance pra mim, Ju.

Até pensei em falar da porta. Mas ele saiu antes que eu pudesse dizer qualquer coisa. Hoje o café da manhã definitivamente não foi feliz. Nessas horas, penso ainda mais nela, em como seria bom se eu pudesse falar com ela, queria tanto, tanto! E cada vez fica mais difícil lembrar da voz, do jeito que ela falava comigo. Sempre que penso nela, as imagens rodam na minha cabeça como num filme mudo, ela sorri, nunca fala e fico angustiada tentando lembrar. Como era a voz da minha mãe?

Ainda estava na copa, imaginando que depois dessa conversa horrível a prova de Física ia ser moleza quando ela apareceu. A lagartixa. Entrou pela janela, foi deslizando pela parede branca, contornou o relógio, o quadro do interruptor, depois subiu rapidinho até o teto e parou lá em cima, de ponta-cabeça, quieta feito pedra. Antes que ela se mexesse, atraída por um mosquito qualquer, lembrei de outra lagartixa, há muito tempo, subindo pela parede de outra cozinha, e eu, com medo, no colo da minha mãe. Foi então que aconteceu. Na mesma hora ouvi: *ela vai nos trazer sorte!* Comecei a chorar de um jeito descontrolado. Era ela, a voz dela, bem perto de mim, tão nítida como naquele dia, minha mãe dizendo que a gente nunca deve expulsar uma lagartixa, *ela vai nos trazer sorte!* Comecei a gritar, fala de novo, mãe, fala!, e então olhei pra lagartixa, chorando e rindo ao mesmo tempo, e de repente saltei da cadeira, pulando feito criança e agradeci, obrigada, obrigada, venha sempre, volte muito, não vá embora nunca! Mesmo com toda a minha gritaria, a lagartixa continuou imóvel no teto da cozinha. Quando consegui me acalmar, sentei de novo na cadeira e nem percebi que estava com o copo na boca, bebendo o suco num gole só.

Fui pra escola a pé, rindo e chorando ao mesmo tempo cada vez que lembrava daquela voz cochichando no meu ouvido. Só então senti um gosto diferente na boca. Um sabor verde, de coisa nova.

E era bom.

juro! Já tomei esse remédio, é doce e meio ardidinho. Como você era antes de... Ah, deixa pra lá. Além do mais, "ardidinha" não tem nada a ver com você. Inflamada, essa é a palavra! E eu adorava aquela veemência toda, o jeito como você se exasperava com qualquer injustiça; às vezes era só ler uma notícia no jornal e você já começava com um discurso cheio de pontos de exclamação indignados. Mesmo quando eu era pequena e não tinha a menor ideia sobre o que você estava falando, lembro que ficava meio enfeitiçada com a sua voz, você subia o tom, mas não soava ríspido – não, de jeito nenhum! Sua voz crescia, tudo crescia, acho que você até ficava mais alta no embalo daquela energia. E os gestos grandes, ah, lembro tanto! Faziam você parecer maior do que todas as pessoas, sabia? Mas... Que cara é essa? Não é pra você ficar triste, sério! Essa chama meio que diminuiu... Normal, né? Você consumiu todo o combustível nesses seus anos todos! Em compensação, a sua doçura não só continua aí como tomou conta de você todinha. Esse sorriso nunca foi tão doce, e os olhos, ah, esses seus olhos! Você olha assim pra todo mundo ou é só pra mim esse olhar? Vai ver que é por isso... É! Só pode ser por isso! O azul sempre me enternece... Olha só, eu nunca tinha parado pra pensar porque gosto tanto dessa cor. Os seus olhos. A gente sempre se falou sem precisar dizer nada, né? Isso também continua igualzinho.

Ah, preciso te contar o sonho! Hoje acordei com uma vontade louca de comer brigadeiro por causa desse sonho. Lembra quando a gente ficava enrolando brigadeiro a tarde toda? Então, sonhei com aqueles soldados-bolinhas enfileirados na mesa da cozinha, lembra? Você inventava que a mesa era o pátio do quartel e daí contava a história do exército de brigadeiros. Era uma história sem pé nem cabeça, você dizia que eu não podia comer todos os soldados de uma vez porque o batalhão tinha que ocupar o território inteirinho, e o território era o prato! Que maldade enrolar uma criancinha desse jeito, como você tinha coragem? Daí pulei da cama com desejo de brigadeiro e com tanta saudade daquela época... Sinto saudade de você, sabia?

O que você está olhando? Ah, você reparou! Gostou do meu vestido novo? Custou caro, mas fiquei apaixonada quando experimentei. De vez em quando a gente tem que se mimar, você sempre disse isso. Adoro essa estampa de florzinhas, demais de linda, né? E o tecido é tão macio, passa a mão pra sentir, olha que delícia! Você acha que fiquei bonita com ele? Hoje vou sair com aquele moço que veio comigo outro dia; você disse que ele era bonito e ele ficou vermelho que nem pimentão! A gente riu tanto, lembra? Também acho ele lindo, mas claro que eu nunca disse isso pra ele. Até porque não é o mais importante, né? Ele também é muito legal. É incrível como a gente gosta das mesmas coisas, filmes, músicas, livros, comidas... Nossa, quase ia me esquecendo, eu trouxe *croissants* pra você comer mais tarde com o seu chá. Sente o cheiro, tá fresquinho! E também trouxe um presente pra você... Cadê, cadê...? Você não imagina tudo o que tem nessa mochila! Às vezes eu mesma não acredito na quantidade de coisas que consigo enfiar aqui dentro... Achei! Olha que lindo, gostou da cor? Deix'eu passar em você. Abre a boca só um pouquinho... Assim, ó... Isso! Agora olha pra mim, esfrega os lábios pra espalhar bem... Ah, ficou ótimo, e combinou com o tom da sua pele, olha aqui no meu espelhinho! E agora você bem que podia tomar o remédio, né? Vamos lá, só uma colherinha, fecha os olhos e abre a boca... Pronto! Viu como foi fácil?

– Hoje ela não falou nada. Nem uma palavra. Tão caladinha... Por que será?

– É que ela costuma dormir nesse horário. Vai ver estava cansada, só isso.

– Mas ela parecia mais ligada, sabe? Prestando atenção em tudo. Falei um monte e ela ficava olhando pra mim o tempo todo. Ah, acho que ela adorou o batom!

– Que bom, ela gosta muito quando você vem.

– E consegui dar o remédio pra ela! Não foi fácil, mas ela acabou tomando.

– Ótimo! Ela tem dado trabalho pra tomar os remédios.

– Você acha...

— O quê?

— Será que de vez em quando ela ainda sabe quem eu sou?

Nem sei por que perguntei isso pra Zenaide. Ela só cuida, não sabe de nada. Nem ela nem os médicos nem ninguém. Eu sei. Eu sinto. Às vezes, é ela, é a minha vó olhando pra mim.

Nessa hora o mundo fica azul.

//
MARTIM

Nessa hora o mundo fica azul!

É muito louco, cara. Surfar num tubo é um lance arrepiante. Vale cada segundo, tá ligado? Vale por todas as horas que você fica no mar debaixo de chuva sem pegar nada, vale toda espuma, as porradas, vale cada vez que a gente recomeça, remando e remando de novo na direção da onda que pode ser *A* onda. E de repente rola, e você tá na velocidade, tipo voando na prancha, e lá no fim do tubo o céu redondo, azulzinho e, *meu*... A sensação é muito intensa. Parece que você tá entrando no céu, é tipo um caos harmônico. Adrenalina e paz, dá pra entender? Naquele dia, tinha altas ondas quebrando ao leste, o vento a favor na arrebentação, já tava uma doidera descer umas paredes enormes, cortar a água controlando as viradas, os joelhos dobrando no ângulo exato, tudo perfeito e, daí, a onda subiu desenhando aquele tubo perfeito pra tipo lavar a alma. *Meu*, foi demais! O lance da Maira rolou depois... Tava tudo certo, suave; fim de tarde, maré baixa, a gente sentou na areia esperando o sol mergulhar no mar. Eu ainda tava flutuando, sabe? No clima do dia. Mas ela tava estranha. E de repente as coisas ficaram turbulentas, nem sei direito como começou o papo, ela entrou numa de falar do Pablo, que tinha ficado com ele a tarde toda e tava mal por causa disso. Cara, qual é? Mal fiquei eu! Não sou a fins de saber se ela fica com outros caras. Ficou, curtiu, daí rolou uma culpa e vem aliviar pra cima de mim? Manobra errada, cara. Nublou geral.

Sou ligado nela, você sabe... A gente tá junto há um tempão. Mas essa onda de ter ciúme do surfe é furada total, né, *meu*? Eu já surfava quando a gente se conheceu, agora vem com esse papo de que eu esqueço de tudo quando vou pro mar... *Meu*, esqueço mesmo, e daí? E se eu fosse um cara fissurado em, sei lá, tecnologia, *business* ou qualquer assunto desses e quisesses ir pra facu mais irada do planeta? Eu ia ter que ralar, estudar, me concentrar total, do mesmo jeito. Essa história já rodou lá em casa, foi dureza convencer meus pais, mas quando consegui entrar no circuito mundial eles entenderam que a praia é a minha escola, o mar é meu professor e essa já é a minha profissão. Quero fazer carreira, pegar as melhores ondas do mundo, participar de campeonatos, aprender com os caras que surfam demais! Acho que sonho com isso desde a época em que pegava jacaré na pranchinha de isopor. É isso, *meu*. E agora é treinar, treinar, treinar. Muito foco pra conseguir patrocínio. Quero deslanchar! Achei que a Maira tava comigo nessa. Sei lá... Não dá pra pegar todas as ondas de jeito, né, *meu*? Por isso não entrei no mar, hoje eu tô sem pilha, meio recolhido. Mas amanhã o sol volta. Ele nasce de novo todo dia, é ou não é?

– É muito chato ficar na praia olhando você surfar. Horas e horas!

– É muito chato saber que você fica com outros caras.

– Martim, foi *vo-cê* quem veio com esse papo de relacionamento aberto! E não são "outros caras". Foi só com o Pablo, eu juro!

– O lance é o seguinte. Ninguém tá amarrado em ninguém, acredito nisso de verdade. Mas quando a gente tá amarrado no sentimento, na real, sabe?... Daí não tem espaço pra outras pessoas, pelo menos é o que eu acho... Beleza, não dá pra radicalizar total, situações podem pintar. Vale até como um teste, né? Pra gente se sacar melhor, ter certeza de que é isso mesmo. Ou não.

– Martim... Eu te amo. Tenho certeza disso.

– O teste era seu, só seu, Ma. Não dava pra compartilhar comigo.

– Mas a gente não tem segredo um com o outro. Isso, sim, seria uma traição!

– Pra mim tem outro nome. Egoísmo, cara. Tipo assim: sofre aí, porque eu tô contando tudo e isso me absolve geral.

– Martim...

– A gente precisa dar um tempo. Eu preciso. Você ficou com o cara porque tava a fim, um lance seu. Mas isso fala muito sobre nós... Ser livre pra fazer o que se quer tem um custo, né? Isso é tipo uma lei pra mim. Tem a ver com o surfe, com você, com tudo, Ma.

Às vezes penso que, um dia desses, saindo do mar, eu encontro a Maira na praia, sentadinha, me esperando, e tudo volta a ser como antes. A gente vai se abraçar e nada mais vai doer em mim. Ainda dói. Toda vez que piso em terra firme, ela me pega, a dor. Então vou pro mar porque o mar é meu chão, cara. De vez em quando as coisas também ficam escuras dentro do tubo, mas o céu azul tá lá, sempre tá, a gente tem que acreditar, concentrar no equilíbrio pra descer numa onda gigantesca e seguir com ela até que tudo desmanche. É isso, cara. Em todas as coisas...

==Tem que ir até o fim.==

CAROL
Tem que ir até o fim...

15:16

Não consigo parar de pensar nisso... Até o fim, mas... Como? Falar é fácil, né, Gabi! Pra você, tudo é *normal*. Na sua vida todas as coisas são *normais*. Pai, mãe, um irmão megachato, como (quase) todo irmão mais velho *normalmente* é; e o Vitor, que encaixa direitinho no papel de namorado, um cara legal, bonito, quase da mesma idade e, claro, do sexo oposto. É fácil ir até o fim quando a gente conhece o caminho, ou pelo menos, segue a rota convencional, sem grandes desvios. Nossa... Eu escrevi isso? Que horror. Nem preciso invocar Freud pra explicar! De algum lugar dentro da minha cabeça, minha mãe deve ter ditado essa frase. Mas não vou deletar! Que o meu ato falho fique registrado pra todo o sempre no nosso inbox, amém! Bom... Já vi que você não tá *on-line* ☹. A gente se fala mais tarde. Beijo.

15:45

Gabi, cadê você? Tem uma coisa importante que eu preciso perguntar: é verdade que você também já sentiu isso ou falou só pra me acalmar???

15:51

Me liga!!!!

16:02

 Preciso falar com alguém. E só pode ser com você! Não tenho coragem de levar esse papo com mais ninguém, amiga. Não é a primeira vez... Eu já me senti atraída por outras meninas, antes disso que tá acontecendo agora. Mas acho que nunca admiti, sabe? Pra mim mesma... Teve um tempo que eu achava a Nina linda! Era uma coisa totalmente platônica, eu só gostava de ficar olhando pra ela, na época eu pensava que tinha a ver com admiração, e com um tantinho de inveja também kkk... Não tinha um lance sexual, acho. Agora não tenho mais certeza de nada. E a Camila. Lembra dela na classe do 2º ano? Então... Ela sempre me fascinou, era alguma coisa no jeito de falar, de dançar, toda sedutora, eu ficava meio encantada quando ela aparecia nos lugares. E daí teve um dia, numa balada. Eu tava beijando o Caio, ela, beijando o Lucas, e de repente, abri os olhos e ela tava olhando pra mim. E a gente ficou se olhando, eu e ela, no meio do beijo com eles. Foi esquisito e... Intenso. Aquilo me acendeu de um jeito maluco! Mas a coisa parou por aí, mesmo tendo certeza de que ela sentiu a mesma coisa que eu naquela hora. Não sei qual é a dela, a gente nunca falou disso. Pra dizer a verdade, dei graças a Deus quando ela mudou de escola. Sempre pintava um clima estranho quando a gente se esbarrava. Mas agora... Agora é outra história. A Tina não tem essa questão, ela é assumidíssima. No começo, entrei no jogo meio na brincadeira. Tinha uma atração, claro, mas nunca imaginei que a coisa fosse escapar totalmente do meu controle. Quando a gente se beijou, eu ainda achava que era só uma experiência, um tira-teima, sabe? Mas daí teve o segundo beijo, e muitos outros e foi... Maravilhoso. Como nenhum outro beijo... Mas, ai, Gabi, é tão estranho! Tô confusa, parece que o meu corpo não fala a mesma língua da minha cabeça, entende? A Tina não entende. Ela quer ficar de verdade. Quer namorar, sair de mão dada. Pra ela é *normal*. E quando a gente tá junto, eu sinto isso também, parece a coisa mais normal do mundo! O problema é que todas as certezas somem quando eu volto pra casa, pra escola, pra minha vida *normal*. A Tina, essa outra vida, tudo fica parecendo um sonho. Acho que não consigo ir até o fim, amiga. Não ainda... Bom, tô por aqui, me liga quando der!

xxxx

– Gabi?
– Oi, Carol. Sou eu, a Tina.
– Tina! Ah, oi...
– Tudo bem por aí?
– Tudo igual.
– Para com isso, Carol! Tô aqui com a Lúcia, a Gringa e a Méia, vamos comer alguma coisa e pegar um cinema. Vem com a gente?
– Não vai dar, eu tenho que...
– Não vai me dizer que você tem que fazer alguma coisa a essa hora de uma sexta-feira!
– Eu tenho que... Dormir! Mesmo! Eu preciso dormir, tô muito, muito cansada.

– Carol, também tô ficando cansada, sabia?
– ...
– Alô?
– Oi, tô aqui.
– Então, tá. A gente se fala.
– Tchau, Tina.
– Tchau, Carol.

xxxx

Acabou. Acho que agora acabou de verdade. Simples assim, ela não vai ligar de novo. Ainda não sei se isso me deixa aliviada ou se vou entrar em pânico daqui a cinco minutos. Fico tonta só de lembrar do cheiro dela, da eletricidade plugando a gente em cada beijo... Ah, Tina, eu gosto tanto de você! Mas não sei se gosto de mim quando tô com você. Tenho medo de tudo. De perder você, de me perder... Enquanto as coisas não se juntarem na minha cabeça, não vai dar pra ir até o fim de nada. Não dá pra ir até o fim pela metade, entende? Não, acho que você não entende... Mas você só conhece uma parte de mim, Tina. Tem outra que também sou eu. Acho.

Como você pode gostar de mim sem saber quem eu sou?

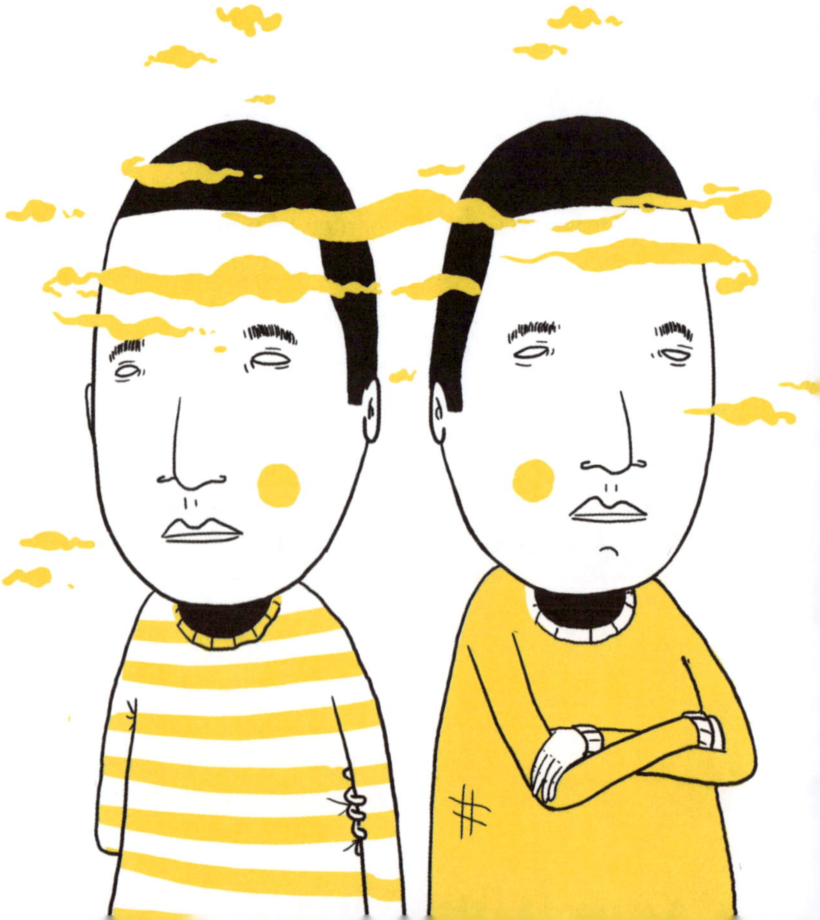

GUI

Como você pode gostar de mim sem saber quem eu sou?

Tava tudo tão bom, tão bom... Será que você não percebeu? Ou percebeu... e entrou no jogo? Não, isso não. Você é especial, eu sei que é. E ele é um idiota que não perde a chance de fazer piada com tudo. Qualquer coisa! Mesmo que essa *coisa* me deixe puto. Aliás, especialmente quando ele sabe que vai me irritar. Que é que ele tinha que se meter justo com você? Foi só pra me encher o saco. Agora vem dizendo que não sabia que a gente tava ficando e que você olhou pra ele, acenou, foi chegando... E ainda me conta a história toda com aquele sorrisinho debochado, na maior cara dura!

 É claro que ela fez exatamente isso – é o que eu esperaria que ela fizesse! Mas será que o som da festa tava tão alto que ele não conseguiu ouvir pelo menos uma das vezes em que ela com certeza disse Gui e não Júlio? Taí uma coisa que não dá pra confundir! E eu aqui em casa com o maior febrão, deixando recado no celular dela. Se pelo menos ela não ficasse sabendo... Mas agora o rolo tá armado. A essa hora, ela já ouviu a mensagem e deve ter ficado confusa e furiosa... Ou será que ela achou divertido? Bom, espero que não... Mas o que é que eu tô dizendo? É óbvio que não! Ela tá mal, tenho certeza! Magoada e envergonhada, sem coragem de me ligar. Eu também, e nem sei como consertar esse estrago. Mais um do meu querido irmão idiota.

Gêmeos idênticos, só que não. Tudo absurdamente igual por fora e completamente diferente por dentro. O problema é que as pessoas precisam de um tempo pra sacar isso. Até a mãe precisou... A gente tinha um armário só, era tudo dividido, compartilhado, mas não duplicado; ela nunca vestia os dois do mesmo jeito, não porque não achasse "fofinho", mas pra ela mesma não se atrapalhar. Mesmo assim, quantas vezes ouvi a bronca que era pro Júlio? Sempre fui mais quieto, na minha, mas custou até a mãe perceber que não era só uma questão de ser "mais tranquilo", como ela dizia. Quando a gente era pequeno, eu era obrigado a participar da festa de aniversário do meu irmão, que sempre convidava a classe inteira, levava todo mundo pro boliche, pra lanchonete, essas coisas todas. Eu chorava, não queria ir na festa do meu próprio aniversário e minha mãe não entendia nada. Ela não sacava que, pra mim, festa era chamar os melhores amigos pra dormir em casa. Dois, três amigos, jogando e conversando a noite inteira, isso era a minha grande farra! A ficha deles – do pai e da mãe – custou pra cair, porque mesmo depois, quando a gente já tinha uns 12, 13 anos, aconteciam coisas que não podiam acontecer. As comparações. *Como você pode ir tão mal em Matemática? Olha só as notas do seu irmão!* Como se ter o mesmo DNA garantisse que dois mais dois são quatro pra nós dois.

Não acho que isso foi um saco só pra mim. Ele também ficava puto. Mas do jeito dele, bem diferente do meu; o Júlio nunca deixou por menos, sempre revidava no ato, como faz até hoje. Quando ele aprontava e a mãe dizia: *"seu irmão nunca faria isso"*, ele devolvia na hora com um "NÃO MESMO!", na maior ironia. Somos réplicas que não se bicam. Ele também nunca se reconheceu em mim. Nisso somos idênticos.

Pra mim, essa história de conexão entre gêmeos é folclore. A baboseira de que um sente o que o outro tá sentindo e tudo o mais. E sempre tem alguém contando dos irmãos separados na maternidade, adotados por pais diferentes, morando cada um num país, e morrendo no mesmo dia, do mesmo jeito. As pessoas exageram, mistificam tudo. Como se ter um gêmeo fosse uma coisa meio mágica unindo duas pessoas em tudo pra sempre. Isso é totalmente bizarro. A vida de cada um é única e o que tem dentro da gente só a gente sabe. A gente e as pessoas com quem a gente se conecta de verdade. Ela... Pensei que era de verdade. Mas como ela pode ter achado que ele era eu? Quer dizer que todas as vezes em que olhei nos olhos dela, foi só isso que ela viu, a mesma cara do Júlio?

— Cara, relaxa! Olha só, eu nunca tinha visto essa mina...

— Tá bom, Júlio. Deixa quieto.

— Meu, para com isso. E se ela tivesse ficado com outro cara? Ela tava muito a fim de ficar com alguém. Normal, né?

— Não tô a fim de conversar, deu pra perceber?

— Esse é o seu problema, maninho. Você é travado demais.

– Não tô a fim de conversar com *você*.
– Falou. Então fica aí na sua... Babaca.
– O que você disse?
– Eu disse que a gente podia se divertir de montão se você não fosse tão babaca.
– Eu não vejo a menor graça nas suas brincadeiras.
– Meu, você não tem humor...
– E você não tem caráter!
– Pega leve, cara, pega leve!
– Ah, vê se me esquece, seu idiota!

xxxx

Tive vontade de pular no pescoço dele, como antigamente, quando ele se divertia rasgando meus cadernos, destruindo os brinquedos mais queridos. Tudo acabava em soco, com a mãe berrando e tentando separar a gente. Depois os dois ficavam de castigo, mas eu sempre saía perdendo. O caderno, o brinquedo... Não dava pra recuperar as coisas que ele tinha estragado.

Agora, a briga é diferente; os golpes são mais baixos, o estrago é muito pior. Mesmo que ela... Sei lá. Mesmo que ela tire de letra, eu...

Ainda não sei de nada.

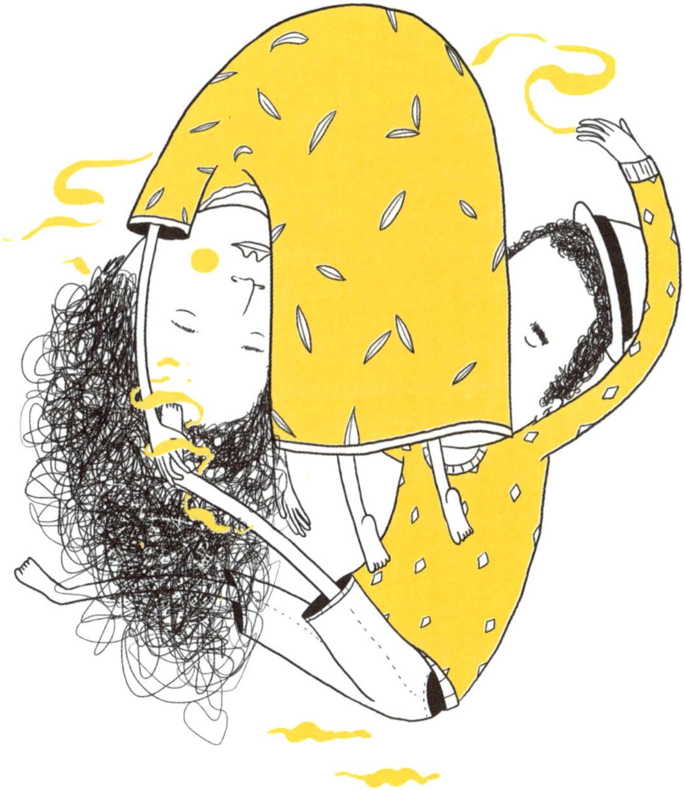

FELIPE E ANA

Ainda não sei de nada.

É uma sensação muito louca. Tipo antes e depois. A teoria não dá conta de descrever o que eu experimentei hoje. Foi genial, novo, delicioso! E ela, o que será que ela tá pensando? De repente, ficou tão quietinha... Eu também não tô conseguindo falar, muita coisa rolando ao mesmo tempo na cabeça e no corpo. Ana, minha linda, vontade de ficar te beijando sem parar, foi demais, e a gente ainda tem essa noite inteira pra curtir! Ela tava certa... Eu já tava ficando louco, mas valeu esperar todo esse tempo, planejar tudo pra curtir o nosso momento. Tinha que ser especial, e foi. NãããO, tá sendo! Como a gente queria que fosse. Acho que ela nem percebeu como eu tava nervoso; ainda bem... Nem com toda a intimidade e os papos que rolam entre a gente há um tempão, mesmo assim, minha linda, você nem imagina como eu tava... Meio que explodindo! Desde a semana passada na maior fissura, com medo de não fazer as coisas direito, de não conseguir me controlar e acontecer rápido demais. Ou pior ainda, de não acontecer! Já pensou? Depois de tanto preparativo, rolar uma falha técnica? Ia ser o maior anticlímax, e mesmo que a gente desse muita risada na hora... Não, não! Não ia ter graça nenhuma. Mas com certeza você ia rir muito se eu contasse a quantidade de camisinhas que gastei só pra treinar. Pensando nisso agora, foi ridículo! Mas não dava pra contar com sorte de principiante, né, minha linda? E eu não queria me atrapalhar...

> *Nada, nada podia atrapalhar a nossa primeira vez.*

xxxx

> *Nada, nada podia atrapalhar a nossa primeira vez.*

A gente idealizou tanto, tanto, e agora... Não sei dizer se foi bom. Também não foi ruim. Só... estranho. Mas ele tá com uma cara tão feliz! Lipe, você é um fofo, o mais carinhoso, cuidando de mim o tempo todo! Mesmo assim... Ou será que "bom" é isso? Só isso... A Jô me deu um toque, podia doer um pouco, tudo bem, ela disse que é normal, e às vezes até sangra. Nem aconteceu nada disso, foi só meio desconfortável no começo, e depois meio... Nada. Fiquei esquisita, pensando em mil coisas nada a ver! Como se eu não estivesse aqui, o que é muito estranho porque *aqui* é exatamente onde eu queria estar, com ele, nesse lugar incrível, com tudo do jeito que eu sonhei, a luz fraquinha, o barulho do mar entrando no quarto, o clima perfeito, e a gente podendo curtir tudo, só nós dois, sem pressão... Tudo bem, tô sabendo que não ia ser tipo UAU! A Jô também disse que ninguém vê estrelas assim de cara. Mas... nem uma luzinha? Ou será que eu tô exagerando? A gente tem uma química tão forte, nem sei como consegui segurar o lance até hoje; teve umas vezes em que quase aconteceu no carro, e mesmo lá em casa, com os meus pais na sala! A gente só não foi até o fim porque eu queria que a primeira transa fosse tipo inesquecível... Bem que a Jô falou que eu tava pirando num lance romântico. Fiquei ligada nesse filme e não entrei na história real que tá rolando aqui e agora! Ai, Lipe, te amo tanto! A gente já teve mil momentos totalmente intensos, por que eu fui entrar numa de fantasiar que hoje ia ser diferente? Foi mesmo, só que foi mal...

∞∞∞∞

— Tudo bem aí, minha linda?
— Tudo!
— Tá com sono?
— Pouquinho.
— Vem cá um instante; levanta e vem olhar essa lua, tá demais!
— Nossa, que céu lindo! Milhões de estrelas!
— A nossa noite.
— Me beija, Lipe!
— Você me deixa doido, sabia?
— Vem dormir comigo.
— Tô muito ligado...
— Abraçadinho?

– Bom... Aí já não dá pra resistir.
– De repente...
– ... O quê?

– Vem !

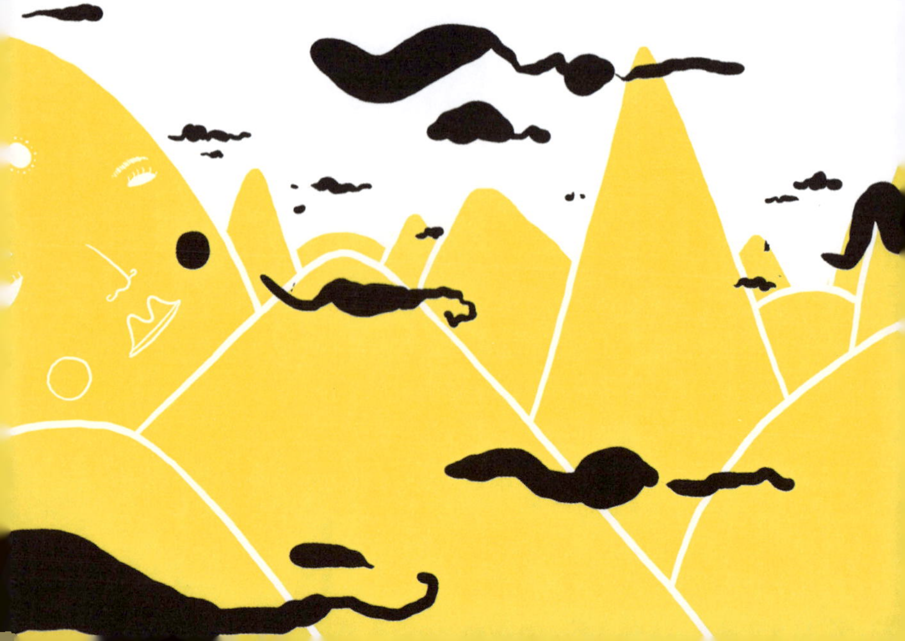

SOFIA

– Vem!

– Mas hoje o céu tá limpo...
– Que nada, olha aquela nuvenzona lá!
– Tá mais pra nuvenzinha, né? E só tem essa...
– E daí? É mais legal até, uma nuvem sozinha virando um monte de coisas!
– Lu, dá um tempo. Hoje eu não tô a fim.
– Sô, olha isso! É uma montanha gigante!
– Ahã...
– Espera, espera! Olha, agora tem duas... Não! Três montanhas!
– Lu, eu quero ler!
– Chata. Você é chata, chata e muito chata.

∽∽∽∽

Eu tinha acabado de fazer seis anos quando ela nasceu. Mamãe queria que ela se chamasse Lúcia, como a mãe dela; papai preferia Leda, como a mãe dele. Mas quando colocaram ela no meu colo, lá na maternidade mesmo, achei que ela tinha cara de Luísa. Sei lá de onde tirei esse nome, eu não conhecia nenhuma Luísa, não que me lembre. Mas devo ter falado com tanta certeza que meus pais decidiram na mesma hora. Ficou sendo Luísa, a irmãzinha por quem abdiquei do trono de filha única na maior alegria. Podia ter sido diferente se eu tivesse dois, três anos, talvez rolasse a maior ciumeira. Todo mundo diz que é assim. Mas, aos seis, foi como ganhar um presente! Minhas amigas morriam de inveja porque a minha boneca era de verdade. Eu adorava dar mamadeira, trocar fralda, cantar pra ela dormir, e mamãe achava ótimo, é claro – quando eu voltava da escola, ela tinha direito a recreio. Mesmo depois, quando a Lu já era mais crescidinha, eu largava tudo pra brincar com ela. Com uns dez anos, eu passava horas assistindo desenho animado e continuava me divertindo com as nossas danças malucas, uma espécie de samba desajeitado que sempre acabava no chão com muita risada. É verdade que de vez em quando a Lu teimava, chorava, causava! Mas a caçulinha tinha privilégios, dois minutos de castigo e pronto, mamãe logo liberava. Eu tinha obrigação de ser paciente, afinal, já era uma "mocinha".

O pesadelo começou logo depois da festa do aniversário dela. Nove anos. Um dia, a Lu chegou da escola reclamando de dor no joelho. Mamãe passou uma pomada, não deu muita bola pra manha. Ela era moleca, vivia se machucando. Além do mais, ela jurava que não tinha aprontado nada, e como não se via nada mesmo – nenhum roxinho, nem sinal de arranhão –, parecia não existir motivo pra maiores preocupações. Só que a Lu continuou se queixando de dor, uns dias mais, outros menos; e quando o joelho começou a inchar, mamãe logo marcou uma consulta. O pediatra olhou, olhou e indicou um ortopedista. O ortopedista pediu um monte de exames e, menos de um mês depois, a Lu estava no consultório do doutor Mário, o oncologista. O tumor era grande, nada amigável e já tinha feito um bom estrago no osso. Lu teve que encarar muitas sessões de quimioterapia antes da cirurgia e outras tantas depois. Minha irmãzinha valente aguentou firme, a dor, os enjoos, milhões de tratamentos e meses de entra e sai do hospital, acreditando – ou fingindo que acreditava – que daria certo, que era tudo o que mamãe, papai e eu falávamos o tempo todo. Perto dela, a gente não demonstrava nenhum medo, nenhuma incerteza, mas o câncer era agressivo e avançou, apesar de todos os esforços. Em pouco tempo, apareceu no pulmão. Eu estava lá quando o doutor Mário mostrou as imagens da ressonância, um céu escuro, cheio de nuvens.

Não acontece mais. Antigamente, eu olhava pro céu e via a Lu brincando no meio das nuvens, fugindo de um grande dinossauro que se aproximava, descansando em cima de uma nuvem-rede, às vezes até fazendo careta pra mim. Era lindo, chegava a doer de tão lindo e de tanta saudade. Agora é diferente. É só um vazio. Uma saudade triste, como uma nuvem cinza com vontade de chorar. Descobri que o tempo tem esse poder meio mágico de decantar as coisas; é como se aquela dor tão pesada tivesse descido devagarinho até se acomodar e adormecer no fundo do coração. De vez em quando, ela acorda. Nesses dias, olho pro céu, procuro por ela, mas não acontece mais. Mesmo assim, eu sei que a Lu está lá, escondida atrás de uma nuvem gigantesca, desmanchando aos poucos, disfarçada entre

uma, duas, mil montanhas recortando o céu.

Autora e obra

Às vezes me pego olhando para um prédio qualquer e imagino o que está acontecendo por trás das janelas: quantas histórias podem estar começando ao mesmo tempo em que outras chegam ao final? Os personagens deste livro poderiam morar num mesmo prédio, cada um deles em um andar de seu próprio enredo, mas todos ligados pelas palavras que tantas vezes se cruzam no vaivém do elevador.

Aprendi a ouvir histórias trabalhando como jornalista durante muitos anos, e a partir de 2005 comecei a escrever histórias imaginadas, em livros como *O Zum-Zum-Zum das Letras* (Moderna), *Longe* (Salamandra) e *As Namoradas do Meu Pai* (e-book Editora Cintra). Alguns livros foram publicados em outros países, como Suécia e Turquia; outros conquistaram prêmios importantes, como *Pssssssssssssiu!* (Calllis), que recebeu o selo White Ravens, da Internationale Jugendbibliothek, de Munique, na Alemanha, e o João de Barro de Literatura para Crianças e Jovens.

Ilustrador

Bruno Bayeux Vasconcelos, mais conhecido como Nobru, é formado em Design Gráfico e atua na área de Ilustração e Animação desde 2010.

Morador da cidade de São Paulo, descobriu no papel um meio de traduzir uma parte do que se passava em sua cabeça. Os desenhos, que começaram em uma simples folha, passaram para os muros, livros, revistas, roupas e animações.

Hoje, digital e analógico se misturam, dando vida às ideias e pensamentos que transitam em sua mente.